JN410872

공감 노트

공감 노트

초판 1쇄 인쇄일 2017년 12월 8일
초판 1쇄 발행일 2017년 12월 15일

지은이 윤정연
펴낸이 양옥매
디자인 임홍순, 고유진
교 정 조준경

펴낸곳 도서출판 책과나무
출판등록 제2012-000376
주소 서울특별시 마포구 방울내로 79 이노빌딩 302호
대표전화 02.372.1537 **팩스** 02.372.1538
이메일 booknamu2007@naver.com
홈페이지 www.booknamu.com
ISBN 979-11-5776-503-4(03810)

이 도서의 국립중앙도서관 출판시도서목록(CIP)은 서지정보유통지원 시스템 홈페이지(http://seoji.nl.go.kr)와 국가자료공동목록시스템 (http://www.nl.go.kr/kolisnet)에서 이용하실 수 있습니다.
(CIP제어번호 : CIP2017032708)

＊ 저작권법에 의해 보호를 받는 저작물이므로 저자와 출판사의 동의 없이 내용의 일부를 인용하거나 발췌하는 것을 금합니다.

＊ 파손된 책은 구입처에서 교환해 드립니다.

윤 정 연 시 인 의

공 감 노 트

책과나무

작가의 말

하얀 종이 위에 이야기를 그립니다.
사랑, 행복, 이별, 그리움 그리고 수많은 삶을 아름다운 색감들로 예쁘게 색칠을 합니다. 모두가 모여 공감 노트가 되었습니다.

파란 하늘, 푸른 나무들, 흘러가는 하얀 구름, 반짝반짝 빛나는 밤하늘의 별들, 그리고 사람….
모든 것이 나에겐 이야기가 되고, 시가 됩니다.

공감 노트는 앞으로도 많은 사람들과 함께 숨 쉬는 공간이 되어, 오래도록 이야기하며 살아가고자 합니다.

저에게 꿈 터치를 해 주신 소중한 분들께 감사함을 전하며, 제 글을 사랑해 주시는 공감노트 채널 독자분들께도 감사함을 전합니다.

2017년 12월

시인 **윤정연**

차례

1부 사랑

2부 이별

3부 그리움

4부 그리고 이야기

공감노트

1부

사랑

사랑의 시작

오늘 따라 웃는
네 모습이 예쁘다

한참을 보고도
돌아서고 싶지 않다

사랑이다

그대는 그런 사람입니다

바삐 움직이고
하늘을 바라볼 시간 없이
그렇게 하루를 보냈습니다

돌아오는 길에
따뜻한 그대가 생각나
밤하늘을 올려다봅니다

그대가 가까이에
늘 곁에서 날 맞아 준다면
얼마나 좋을까요

오늘은 어느 날보다
더욱 그대가 그립습니다
힘든 하루였기 때문일까요

그래서 별빛은
더욱 빛이 나고 내 가슴은 그대로
가득 차올라 밤하늘을 날아갑니다

조용히 흐르는 음악이 들리고
이내 그대 음성이
내 귓가를 속삭입니다

보고 싶다 그대
그리고 또 말을 합니다
손을 뻗어 닿을 곳에 그대가
없다 해도 당신이 좋습니다

그렇게 그대는
내 안에 가득 차고 편안함마저
안겨 주어 나 또한 당신이 좋습니다

서로 힘이 되는
그대가 있어 좋습니다
그렇게 그대는 나에게 그런 사람입니다

좋은 사람, 편안한 사람
그래서 더욱 사랑스러운 사람
바로 그대입니다

내가 너라면 좋겠어

지금 무얼 하고 있을까
밥 먹을 때 무엇부터 먹을까
잠잘 때 잠옷은 어떤 색깔일까

밤하늘이 저리도 예쁜데
그것을 보는 너의 마음은 어떨까

내가 보고플 때 너는 어떻게 할까
나와 함께 있고플 때 너는 어떻게 할까

거리를 거닐다 예쁜 옷을 볼 때
너는 어떤 마음이 들까

하루를 마치고 돌아가는 길에
그 길 끝에 내가 널 맞아 준다면
너는 마음이 어떨까

이렇게 네 마음이 궁금해
그래서 네가 되고픈 오늘이야

보이는 뒷모습은 사랑의 시작이다

늘 보던 환하게 웃는 얼굴
늘 보며 나누던 이야기들
늘 보는 같은 그대의 모습들이었습니다

그런데 어느 날부터인지
늘 보던 모습들의 날들에서
다른 날이 보이기 시작합니다

그대의 표정이 다시 보이고
그대의 미소가 다시 보이고
그대의 손짓 하나하나가 다시 보이더니

이제는 그냥 흘러갔던 시간이
그대 앞에서는 천천히 천천히
흘러가다가 때론 내 눈이 멈추기도 합니다

그렇게 시작된 멈춤은
시간이 지날수록 그리움처럼
돌아선 그대의 뒷모습이 보이기 시작합니다

이젠 만나고 헤어지는 길목에서
가려던 길 멈추고 뒤돌아서 그대의
뒷모습을 바라보며 서 있는 나를 발견합니다

아마도, 내 마음에 그대가
들어오기 시작한 것 같습니다
조금씩 조금씩 그대에게서만 시간이 멈춥니다

그러던 어느 날
여느 때처럼 그대의 뒷모습이 그리워 돌아보니
그대도 멈춰서 나를 보고 있습니다

그대와 나는 그렇게

서로 마주 보며 말없이 편안한 미소를 지어 봅니다

사랑은 그렇게 온다

준비되지 않은 내게
별들이 쏟아져 내렸다

눈에 귀에 그리고 심장에

걷던 길 멈춰 눈을 들어
밤하늘을 올려다보았다

깜깜한 어둠이 오히려
나를 내려다본다

별들이 모두
내게 있었기 때문이었다

나 마음이 놓여

네게 말을 하면
너는 말이 아닌 내 마음을 들을 수 있니?

너를 바라보면
내 눈빛이 아닌 내 마음을 볼 수 있니?

네 손을 잡으면
내 따뜻한 손이 아닌 내 마음을 느낄 수 있니?

내가 들리고
내가 보이고
나를 느끼는구나
네가 내게 그러했듯이

이젠 말을 해도

너를 보아도

너의 손을 잡아도

외롭지 않을 거 같아

우린 서로 사랑하거든

마음 확인하기

그의 마음이 궁금해 물었습니다

나, 좋아하니?

아니?

.

.

.

사랑하는데?

.

.

.

그래서 나는

그를 향해 미소를 지었습니다

사랑이 가득 찬 밤에

밤하늘에 별들이
쏟아져 내리면

내 사랑도 가슴에
쏟아져 내린다

사랑의 넋두리

밤하늘에 얼굴 들어 한숨 길게 내쉬면
따뜻한 입김이 속을 비워 낸다

말을 하고 후회하는 건…
말을 하지 않고 후회하지 말걸

바보
두껍게 입은 옷도 오늘은 소용이 없구나

밤하늘에 별빛은 왜 이리도 예쁠까
슬프게

주머니 안에서 흔들리는 핸드폰 진동
받을까 말까

어느새 내 귀에 들려오는 목소리

미안해

나의 볼을 적시는 따뜻한 눈물

바보, 내 맘도 모르고

추운 바람 가르며 달려간 난

어느덧 바보 앞에 서 있다

사랑이란

때로는 너무도 행복하고
때로는 가슴이 찢어질 듯 아프기도 하고
때로는 한눈을 팔기도 하고
때로는 아픈 오해도 하고
때로는 보고파서 가슴이 뛰기도 하고
때로는 하루 종일 보고 있어도 마냥 좋기만 하고
때로는 심하게 다투기도 하고
때로는 헤어지기도 하고
때로는 질투도 하고
때로는 집착을 하기도 하고
때로는 그렇게 철부지 같기도 하고

그럼에도 불구하고
그러함에도 불구하고
따뜻하게 안아 주고

사랑스럽게 바라봐 주며
그 곁을 지키는 사랑이
진짜 사랑하는 사랑이다

함께 있다는 건

밤하늘이 참 예쁘다
너도 예쁘다

그래서 밤하늘 아래에
너와 함께 있다는 게 참 좋다

너와 나의 사랑은

너와 나의 시간은
추억이 되지 않기를

언제나 숨을 쉬 듯
그렇게 함께 있어 주기를

그토록 바라는 너는
나의 지독한 사랑이다

예쁜 짝사랑

그대는 알까요?
매일 지나는 자리에
내가 서 있다는 것을

그대는 알까요?
웃는 표정에 따라
입가에 같이 도는 미소를

그대는 알까요?
마음에 키워 내는
초록 잎의 새싹들을

그대는 알까요?
내 두 손 뒤에 감춰 놓은
예쁜 마음의 글들을

그대는 알까요?

오늘 그대를 만나면

고백하려 하는 내 마음을

연인들의 아름다운 대화

가을바람이 불던
어느 날
그에게 물었습니다
나를 사랑하느냐고요

그런 나를 바라보고
따뜻하게 안아 주며
내게 대답했지요

앞으로 내 눈앞에서
잠시도 떨어지면 안 돼
네가 없으면 불안하니까

그의 대답으로
세상은 온통 따뜻한 봄으로
물들여졌습니다

때론
사랑한다는 말보다
더 예쁜 말이 있습니다

네가 없으면 안 된다는 말

사랑한다면

내게 올 수 없니
그럼 내가 갈게

그대로 그 자리에
있어 주기만 하면 돼

네가 좋아

그대가 말했습니다
사랑한다고 아주 많이
내 이기적인 마음까지도

그리고 나는 대답했습니다
바보

그가 웃습니다
나도 따라 웃습니다

사랑하는 사람을 위한 바램

사랑하는 사람이 아플 땐
대신 아파 줄 수 없다는 것이
마음 아픕니다

기쁠 때는 내가 그대가 되고
그대가 내가 될 수 있는데
아플 때는 그것이 잘 안 된다는 걸

그래서 사랑하는 그대는
아프지 않았으면 좋겠습니다

사랑하니까

그저
물끄러미 바라보고만 있다

널 기억하려

지키고픈 그대

누군가 내게 말을 걸어옵니다

사랑합니다
사랑합니다

누군가 내게 편지를 씁니다

사랑합니다
사랑합니다

말없이 그 사람을 바라봅니다
그리고 그냥 미소를 보냅니다

답을 할 수 없는 건
이대로 간직하고 싶기 때문입니다

날아갈까 두렵기 때문입니다
멀어질까 두렵기 때문입니다

그래서 나는 동문서답을 하고
애써 외면해 봅니다

이것이 내가 할 수 있는 사랑입니다
이것이 내가 지키는 인연입니다

사랑이 시작될 때

오늘 따라 웃는
네 모습이 예쁘다

한참을 보고도
돌아서고 싶지 않다

사랑이다

그냥 좋은 사이

그대가 웃으면
나도 웃습니다

그대가 찡그리면
나도 따라 찡그립니다

그대가 울면
나도 어느새 울어 버리고 맙니다

그대를 보면
그냥 그대로가 좋아서
웃음이 납니다

그래서 그냥 좋습니다

네가 너무도 좋은 날에

너의 말 한마디에
까르르 웃는다
너의 표정에도 이렇게
까르르 웃는다

내게 하는 배려에도
까르르 웃는다
내게 건넨 약속에도
까르르 웃는다

네가 맛나게 먹는 모습에도
까르르 웃는다
네가 집중해 있는 모습에도
까르르 웃는다

낮 하늘에 둥실 구름
밤하늘에 빛나는 별빛
따스하게 부는 바람
활짝 피어 있는 꽃잎들

모두 내게 인사를 한다
내가 종일 이렇게도
까르르 웃을 수 있는 건
네가 내 곁에 있기 때문이다

그대 안의 난

가끔 저 하늘 끝자락엔
무엇이 있을지 궁금합니다

가끔 이 길 끝자락엔
무엇이 있을지 궁금합니다

가끔 내 안의 끝자락엔
무엇이 있을지 궁금합니다

그렇게 그대 안의 끝자락엔
무엇이 있을지 궁금합니다

내 안의 끝자락엔 그대가 있듯
그대 마음 안의 끝자락엔
내가 항상 있기를 바래 봅니다

깊어진 사랑

마냥 좋기만 한 사랑보다

가슴 한구석이 저려 오고
마음에서 그 사랑이
이해가 되기 시작할 때

진짜 사랑이 시작된다

그대에게 향해 있는 나

그대여
내 음성이 들리나요?
너무 멀리 있어도 보고 싶음에
외치면 귓가에 들리기를

그대여
내 마음이 보이나요?
행복해하고 즐거워도 하며
그렇게 웃고 있는 나를

그대여
내 예쁘고 가냘픈 손이 보이나요?
함께 길을 걸을 때 꼭 잡고
따뜻하게 안기고픈 나를

그대여

늘 함께하지 못하지만

내 눈과 마음 모두는

그대를 향해 있다는 것을

그대는

아시나요

바보 사랑

어둠이 짙게 내리고
빛 하나 없는 곳에서도
나는 그대를 찾을 수가 있습니다
그대에게는 나에게만 보이는
빛이 있기 때문이죠

많은 사람들이 모이고
정신없이 지나가고 섞이어도
나는 그대를 찾을 수가 있습니다
그대에게는 나에게만 느낄 수 있는
온기가 있기 때문이죠

그대가 사랑이 식었다고
나를 멀리하며 돌아선대도
나는 그대를 놓지 않으려 합니다

잠시 우리에게 쉼표가 찾아왔을 뿐
처음 그대의 사랑을 믿기 때문입니다

어느 날 세상에 전쟁이 나
그대와 멀리 떨어져 있게 된대도
나는 그대를 찾아 낼 것입니다
꼭 만나 해야 할 말이 있기 때문입니다
그대를 사랑한다고 말입니다

시간이 흘러 어쩔 수 없이
이별해야만 하는 시간이 오면
나는 그대를 따라 함께 갈 것입니다
그대 없이 살아간다는 건
영혼이 없는 것과 마찬가지이기 때문입니다

그대와 함께 있고 싶습니다

이것이 바로 나의 사랑입니다

이제는 알겠습니다

처음에는 몰랐습니다
그대의 웃는 표정을

처음에는 몰랐습니다
그대의 따스한 마음을

처음에는 몰랐습니다
그대가 화가 난 이유를

처음에는 몰랐습니다
그대가 챙겨 주려는 행동을

그러다 어느 날 알게 되었습니다
그대의 사랑스러운 눈빛 속에
내가 들어가 있다는 것을

그 후 그대의 표정, 마음, 이유, 행동
모두를 이해하게 되었습니다
머리에서 가슴으로 전해졌습니다

이제는 그대를 볼 때 눈을 봅니다
그대 안에 있는 행복해하는 나를요

친구에서 연인으로 1(여자 편)

늘 만나는 친구 곁에
오늘도 앉았습니다
매일 보낸 하루는 언제나
친구 곁에서 마무리가 됩니다

언제나 그랬듯
친구는 오늘도 내 옆에서
하루의 이야기를 듣습니다
그러다 문득 아무 말 없이
친구의 얼굴을 바라보며
시간이 잠깐 멈춰 버렸습니다

그러고 보니 이렇게 자세하게
바라본 적이 없었던 것 같습니다
왜 갑자기 친구 앞에서

시간이 점점 멈춰지기
시작했는지 모르겠습니다

늘 보던 얼굴이고
늘 보던 표정인데
오늘따라 왜 달라 보이는 걸까요
친구의 표정에 따라
내 눈동자도 같이 움직입니다

든든하게 지켜 줘도
몰랐던 내 심장이
내 얘기에 귀 기울여 줘도
몰랐던 내 심장이
울 때나 웃을 때도 항상 곁에 있어도
몰랐던 내 심장이 뛰기 시작했습니다
아무래도 이젠 친구가
조금은 편하지 않을지도 모르겠습니다

친구에서 연인으로 2(남자 편)

늘 만나는 친구 곁에
오늘도 앉았습니다
친구의 하루를 들어야만
나는 하루를 마치는 것 같습니다

오늘은 무슨 일이 있었던 걸까
하루 종일 일에 매달려도
문득문득 이 친구가 떠오릅니다

나의 일이 다 끝나지 않아도
친구의 연락이 오면
모든 걸 내려놓고
그녀에게 달려갑니다

혹시라도 힘든 하루가 아니었기를
혹시라도 마음 다친 일이 없었기를
혹시라도 내가 시간을 못 맞춰
다른 이를 찾는 일이 없기를
하는 마음으로 그녀의 연락을
기다리고 또 만나러 갑니다

하루 종일 그녀의 이야기를
듣고 있어도 지겹지가 않습니다
오히려 잠깐 만나 헤어져야 하는
시간이 안타까울 뿐입니다

그녀는 아직도 내 마음을
알아채지 못하고
언제나 편안하게 다가옵니다
그래서 더 그녀가 좋습니다

그런데 어느 날부터인지
말수가 적어졌습니다
무슨 일이 있는 걸까요

무슨 걱정이 있는 걸까요
내가 모르는 비밀이 생기는 것 같아
그녀의 표정 하나하나를 살핍니다

이젠 그녀를 보는 일이
마냥 즐겁지만은
않을지도 모르겠습니다

어느 연인의 사랑 이야기

마지막으로 널 기다려 볼게
오래 함께했던 친구의 메시지

시간은 다가오고 있습니다
하지만 아직 모르겠습니다
그동안 편안하게 지내 왔던
친구의 마음 표현을요

잠시 벤치에 앉아 바라본
가을 하늘은 너무도 파랗고
나뭇잎은 너무 예쁘게 물들어
그녀의 생각들을 정리하도록 돕습니다

친구와의 많은 날들이 스치고
친구의 많은 모습들이 떠오릅니다

그렇게 친구는 언제나
곁에서 그녀를 바라봐 주었습니다

하지만 모르겠습니다
그녀가 친구를 사랑하는지를요
그렇게 또 시간은 흘렀습니다

그러다 문득 자신을 돌아봅니다
친구 곁에 있는 모습을요
언제나 웃고 있었고
마음이 따뜻했었다는 사실을

지금도 그녀는 미소를 짓고 있었습니다
만약 친구가 곁에 없게 된다면…
그리고 알았습니다

그녀는 시간을 달려
친구가 기다리는 곳으로 향했습니다
이미 시간은 너무 지나 버려서
그 자리에 정적만 남았습니다

혹시… 날 찾는 거니?

뒤에서 낯익은 목소리가 들려옵니다
이미 많은 시간이 지났는데
그 자리에서 그녀를 기다리고 있었습니다
뒤돌아 친구를 와락 껴안았습니다

가지 마 가지 마 이젠 알겠어
미안해 너무 늦게 널 바라봐 줘서

그렇게 그녀는 행복한 눈물로
친구를 놓치지 않았습니다
아니
그 친구는 그녀를 믿었습니다

내 사랑은

때론 네 모습 뒤에
거짓이 숨어 있더라도
나는 덮어 주고 싶습니다

그것이 나의 사랑입니다

사랑과 우정 사이

널 만나면 이리도 좋을까
하루 종일 이야기를 나눠도
헤어지는 시간이 되면 아쉽기만

이런저런 이야기들 속에
언제나 시간 가는 줄도 몰라
일하다가도 떠오르면 전화 한 통

가끔 네 또 다른 친구의 얘기
네 마음에 나만 꽉 차오르기를
질투 아닌 질투를 느끼는 내 심장

네게 가는 길은 이리도 좋을까
어디를 가든, 무엇을 보든, 무엇을 먹든
모든 것을 함께하고 나누고픈 맘

가끔 너에게서 내가 보일 때
우린 너무 닮아 가는구나 기분 좋은 생각
그렇지만 가끔 걱정이 되기도 하는

술 생각나 불러내면 언제든 나와 주고
커피 생각나서 부르면 두 손엔 이미
따뜻하게 들고 서 있는 네 귀여운 모습

너무 오랫동안 가져온 습관들
네가 없으면 이젠 허전할 것 같은
이미 내 안에 꽉 들어찬 너는

사랑인 거니, 우정인 거니

그대에게 나는

그대에게 나는
따사로운 봄 햇살 같고
푸르른 새싹처럼 싱그럽고
사탕처럼 달콤하고
레모네이드처럼 상큼한
여인이고 싶습니다

때로는 한없이 귀여운 아이 같고
때로는 포근한 엄마처럼
때로는 지혜로운 여신처럼
때로는 든든한 나무처럼
그렇게 그대 곁에서 있고 싶습니다

그대에게 나는 그런 여인이고 싶습니다

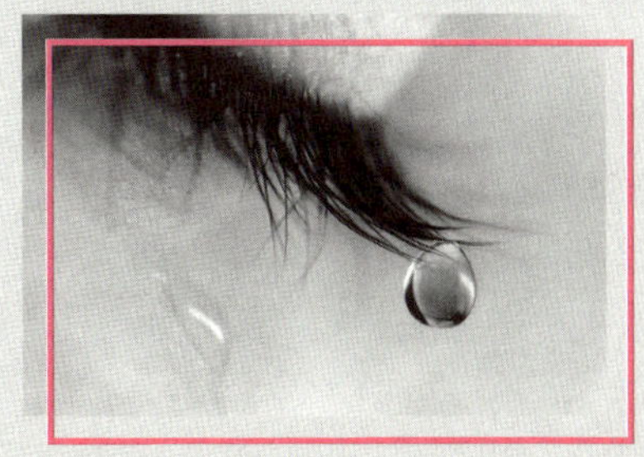

2부

이별

멀어지는 것도 모르는 바보

앞서가는

그대와 하나이던 나의 그림자가

조금씩 멀어진다

이별이었다

내 안의 그대 세상은

어느 날 돌아봤을 때
늘 있던 자리에 그대가 없다면
어느 날 돌아봤을 때
밝게 웃어 주던 그대가 없다면
어느 날 돌아봤을 때
따뜻하게 안아 주던 그대가 없다면
그런 그대가 내 곁에 없게 된다면

나는 밤하늘의 별들을 모두 내리고
맑은 하늘의 햇살을 모두 담아
내 안에 가두고 꺼내지 않으려 합니다
그대가 없는 세상은 별빛도 햇살도
모두 의미가 없기 때문입니다

마음이 울어야 했던 어느 날

걷다 보니
그대가 옆에 없습니다
뒤돌아보니
그대가 멈춰서 있습니다

뒤처진 그대에게
발길을 돌려 한 발 다가갑니다
한 발 두 발 다가가다 멈춥니다

다가설수록 그대는
뒤로 물러선다는 걸 알았습니다
그래서 더 이상 다가가지 않았습니다
그렇게 서서 그대를 바라봅니다

어깨 너머로 해가 지고
길게 늘어선 그림자가
내 발 앞에까지 다가왔습니다

조금씩 조금씩
그림자마저도 사라져 갔습니다

그렇게 이별은
눈치채지 못하게도 옵니다

그대를 보내야 한다면

어느 날 문득 그대가
맘이 변해 내게 등을 보인다면
나는 어찌해야 할까요

마음을 다해 사랑했건만
그 사랑이 진실이 아니었다면
나는 어찌해야 할까요

이미 돌아선 마음이라면
잡을 수도 없는 마음이 되었다면
나는 어찌해야 할까요

그냥 보내 주어야만 할까요
아니면 붙잡고 울까요
돌아와 달라고 날 버리지 말라고

정말 그때는 어찌해야 할까요
시간이 지나면 다 잊혀지게 될까요
그렇지만 그 시간을 어찌 감당하죠

가슴이 조여 오는 건
마음이 시려 오는 건
이미 그대가 떠난 거겠죠

그냥 그런 그대를 붙잡지 않는 것이
어쩌면 내 자신을 위한 것일 수도
이것이 나를 사랑하는 방법일 수도

그냥 그렇게 보내 주렵니다

잃은 후에

잃은 후에 알았습니다
늘 소식이 궁금했었다는 것을

잃은 후에 알았습니다
늘 보고 싶어 했다는 것을

잃은 후에 알았습니다
말 한마디에 얼마나 기뻐했었는지를

잃은 후에 알았습니다
얼마나 그대를 사랑했었는지를

다시 올 수 없는 길로 떠났어도
내 기억 속에 마음속에서

고스란히 빛을 받아
하늘 위에 무지개가 펼쳐집니다

잃은 후에 알았습니다
그대의 기억이 이리도 예뻤었다는 것을

준비 없는 이별

어느 날 갑자기
여행을 한다며 떠났습니다

내게 마음의 준비를
할 시간조차 주지 않고
마지막 인사도 얼굴도
볼 시간조차 주지 않고
갑자기 그렇게 여행을 떠난
그대에게 나는 과연
어떤 존재였던 걸까요

그래도 그대가 보고파
하늘이 까맣게 온 세상을 덮으면
기나긴 터널을 지나
어둠의 숲길을 넘어

그대가 닿을 곳으로
스르르 눈을 감고 날아갑니다

하루 종일 헤매고 날아도
그대의 뒷모습조차
찾을 길이 보이지 않으면
내 눈에는 어느새 빗님이 찾아와
두 눈을 적시고 마음을 누르며
그렇게 까만 밤을 보내고

목소리조차도 들을 수 없는
내 시간의 흐름 속에
얼음처럼 차가워져 가는
마음이 조금씩 두려워져

뜨거운 두 손으로 감싸 안아도
온기조차 느낄 수 없습니다

돌아오지 않을지도 모르는
그대를 창가에 기대어 앉아
달빛 머금은 구름들에게
내 마음 실어 올리면
냉정한 그대에게 흘러서
따뜻한 내 심장이 닿아 주기를

아직도 사랑하는 마음으로
그대를 기다려 봅니다

비가 내리는 밤

그대가 떠난 날에도

이렇게 비가 하염없이 내렸지…

이별이 아픈 어느 날

거리에서 들려오는
내가 좋아했던 음악

언제든 편안하게 쉬었던
그늘진 나무 벤치

바람에 하늘거리며
내게 인사를 건네던 꽃들

이젠, 들리지도 편안하지도
꽃들의 아름다움도 느껴지지 않습니다

어느 곳 하나도 그대의
모습이 보이지 않기 때문입니다

이룰 수 없는 사랑의 노래

문득 내게 물었지
나를 어떻게 생각하느냐고
무슨 의미였을까
너의 곁엔 이미 그 사람이 있잖아

힘들 땐 내게 달려와서
울며 술잔을 비웠고
기쁠 땐 달려와
한없이 즐거워하며 웃었지

너의 하루가 마치
나의 하루처럼 헷갈리고
너의 의미가 마치
나의 의미처럼 여겨질 때
얼음, 하고 멈춰 버린 시간 속에

어색함이 감돌아 서로 눈치만 보다
웃고 마는 나 그리고 너

시간이 지날수록
마음이 너로 차오를수록
나는 감당할 수 없는 미움도 오고
하루가 지옥처럼 지나가고
그만하자 그만하자 나를 달래도
나를 속이는 나는, 네가 또 머문다

친구로 지내기로 해놓고선
반칙해 버린 내 심장에게
레드 티켓을 들어도
미워할 수 없는 나를
언제까지 지켜볼 거니

이제 그만 좀 하지?
네 곁에 있는 그에게로 돌아가
친구도 남지 않게 하지 말고
우린 될 수 없는 사이란 걸

다시 태어나 부모가 바뀌면
그때는 가능해질지도 모르지
너의 운명을 거스를 수 있는
용기가 있다면 그때 다시 와 줘

그렇지만 넌 그럴 용기가 없단 걸 알지
그래서 난 이렇게 20년을
네 앞에서 비를 맞는 거니까
버리지 못하는 너를
돌아서지 못하는 나는
보고 있는 시간이 아파서
또 다시 비를 맞는다

운명이란 어쩌면
이미 주어진 것이 아니라
선택인지도 모르지

그렇게 너와 난 자연스런 이별을 한다

이별한 후에

저 하늘에 떠 있는 저 별들은
항상 반짝반짝 빛나는 줄 알았지

저 하늘에 떠 있는 저 별들이
내가 이별을 하고 나니 빛을 잃었어

저 하늘에 떠 있는 저 별들은
내 마음에 따라 변한다는 걸

이별을 한 후에야 알았지
저 하늘의 떠 있는 저 별들은

그때도 저 모습이었다는 것을…

마음에 비가 내리던 날

비가 내린다
소리 없이 조용히
구슬프게도 내린다

빗님은 하늘을 적시고
땅도 적시고
나무들도 적시고
온 세상을 적신다

어느덧 조용히 찾아와
내 눈도 적신다
그래서
오늘은 빗님에 기대어
맘껏 울어 본다

어느 날 문득

어느 날
기분이 묘하게도
무언가 마음에서
빠져나간 듯
허전할 때가 있습니다

하루 종일 보내고야
알았습니다

내 안에 네가 없어
그래서 허전한 날

그러한 날이 문득 찾아옵니다

몰랐다

맑은 하늘도
불던 바람도
그리고 계절도
모두 몰랐다

그대가 변한 것을…

그대를 보내렵니다

그 어떤 말도
이해할 수 있다고 생각했는데
그 어떤 일도
이해할 수 있다고 생각했는데
그 많은 시간이 흘러도
난 그대로일 거라 생각했는데

조금씩 그대 모습이
눈에서 마음에서 떠나갑니다

다 이해할 수 있다고 생각했는데
아닌가 봅니다

사랑도
감당할 수 있을 만큼만 하나 봅니다

그래서

여기까지가 나의 사랑이었나 봅니다

더 이상

그대에게서 사랑을 찾을 수 없습니다

그래서

이대로 그대를 떠나보냅니다

그래야 서로가 상처가 덜 될 것 같습니다

그래서 그대를 놓아 줍니다

그래서 그대를 보내 줍니다

이별이었다

손에 든 따뜻한 커피가 식어 버렸다

그리고는 혼자가 되었다

이별이 찾아온 길

버스가 지나갑니다
분명 타야 하는 버스인데
그냥 보냅니다
벌써 몇 번째
버스가 스쳐 지나갑니다

많은 생각들이 나를 붙잡고
놓아 주질 않습니다
결국 의자에 앉아
내 몸을 의지해 봅니다
한 발도 걸을 수가 없습니다

어제도 탔던 버스가
이리도 낯설을까요
이대로 타고 가 버리면

다시는 돌아갈 수가 없을 것 같아
발을 뗄 수가 없습니다

시간이 지나고 또 지나도
혼자 있는 나를 발견합니다
마음을 추스르고
발길을 떼어 봅니다
잠시 머뭇거리다가
버스에 몸을 싣습니다

이제 내게 올 시간은
지난 추억들을 잊어야 할
슬픔들이 찾아오겠죠
창밖으로 비친 내 볼에
눈물이 타고 흘러내립니다

이제 시간이 빨리 흘러
추억들조차 까마득해지기를
너무 바빠져 생각할 시간조차
허락되지 않기를 바래 봅니다

어느덧 도착한 버스가

나를 밀어냅니다

그렇게 잊으라고 말입니다

지나간 사랑

잊지 않겠다고
잊을 수 없다고
그렇게 지난날 생각했는데

흘러가는 시간 속에
사랑도 그렇게 흘러가더라

3부

그리움

버리지 못하는 그리움

그리움에 생긴 미움을
안을 용기가 없어
썰물에 실려 멀리 던져 버렸다

그런데 버리지 못하는 그리움이
밤사이 밀물이 되어 다시 돌아왔다

그래서 나는 울어 버렸다

그리운 그대에게

밤하늘에

보고 싶다

라고 쓰고

내 마음엔

그립다

라고 적습니다…

보고 싶다

길을 걷다 문득 그대가 그리워
가던 길 멈춰 서 있을 때 있습니다

혼자 밥을 먹다 울컥
눈물이 흘러내릴 때 있습니다

따뜻한 커피 한 잔 들고 나오다
커피가 식을 때까지 마시질 못할 때 있습니다

친구들과 즐겁게 수다를 떨다가도
갑자기 가슴 한구석이 저려 올 때 있습니다

집으로 돌아가는 길에
혹시 그대가 있을까 아직도 기대를 합니다

분명 이별을 했는데

내 마음은 아직도

그대를 그리워하고 있나 봅니다

아픈 날 그리움은 더 진해진다

아파서 위로받고 싶어
건 전화에

그리움까지 더해
내게 다시 돌아왔다

그리움의 등불

그리움 등불 하나 들고서 길을 나섭니다
가는 길 곳곳에 등불을 비추면
빛 너머에 추억의 그림자가
여러 모양들로 나를 바라봅니다

그렇게 그리움 등불은 내 곁에서
떠나지 못하는 그림자를 비추며
내 마음 가는 길 마다마다에
걸음들을 멈추게 합니다

널 기다리는 노래

네가 보고파 기다린다

해가 지고 어둠도 내려
그림자도 보이지 않는
깜깜한 밤까지

이렇게 기다려도
밤하늘에 별을 다 헤아려도
왜 너는 오지 않는 거니

오늘 길에 날 잊었니
밤길이 깊어 돌아간 거니

이 밤이 다 가지 않게
새벽빛이 나를 만나러 오기 전에
날 만나러 와 줘

가슴이 아파서
눈물에 앞이 보이지 않아
그냥 와 줄 순 없겠니

네가 보고파
이렇게 널 기다리잖아

돌아도 다시 네게

머릿속이 복잡하다
바람을 쐬면 나아질까?

밖을 나와
밤바람을 느끼며
걸어간 곳은
너와 내가
늘 이야기 나누던 그 벤치

가로등 불이
예쁘게 비추는 곳에
어느덧 너도 서 있다

그렇게 서로 잠시
아무 말 없이 바라보고만 있다

때론 그래… 하기

때론 그렇게 아무렇지도 않아져 보기

때론 그렇게 무심한 척해 보기

때론 그렇게 다 이해하듯, 그래… 해 보기

때론 그렇게 딴 곳 바라보고 있기

숨을 쉬어야 하니까

그리움의 메아리

저 하늘 건너편에
그리움 던져 보내면
메아리가 내 귓가에 맴돌다
이내 마음으로 내려져 옵니다

그리움에 메아리는
마른 입술에 촉촉한 물방울 같고
밤길의 따뜻한 달빛 같고
무지갯빛 봄 햇살 같습니다

그렇게 메아리는
편안한 하루를 보내게 하는
마술과도 같습니다

아직도 너를 받아들이지 않는 지금

그대가 말을 건넵니다
어딘지 모를 슬픔을
눈빛에서 읽을 수 있습니다

외로움이구나
그대는 외로움의 언어를
눈을 통해 전달하고 있습니다

짧게 건넨 인사가
그대를 돌아보게 합니다
그 눈빛 안에 내가 있기 때문입니다

미련

하루 종일 헤매고 날아도
그대의 뒷모습조차
찾을 길이 보이지 않으면
내 눈에는 어느새 빗님이 찾아와
두 눈을 적시고 마음을 누르며
그렇게 까만 밤을 보냅니다

목소리조차도 들을 수 없는
내 시간의 흐름 속에
얼음처럼 차가워져 가는
마음이 조금씩 두려워져
뜨거운 두 손으로 감싸 안아도
온기조차 느낄 수 없습니다

돌아오지 않을지도 모르는

그대를 창가에 기대어 앉아
달빛 머금은 구름들에게
내 마음 실어 올리면
냉정한 그대에게 흘러서
따뜻한 내 심장이 닿아 주기를

아직도 사랑하는 마음으로
그대를 기다려 봅니다

추억과 그리움

구름이 흘러가는 하늘에
그리움 하나 흘려보내고

바람에 나부끼는 이파리에
그리움 둘 실어 보내고

추억이 담긴 거리 거닐며
그리움 셋 그려 보내고

쏟아질 듯 떠 있는 밤하늘 별들에게
그리움 넷 올려 보내면

어느덧 눈가에 촉촉이 젖어 오는
옛 기억들이 가슴을 적십니다

휘몰아치듯 지나간 폭풍우는
온통 모든 것들이 뒤엉켜 나뒹굴어도
비가 내리고 햇살이 내리고
그렇게 시간이 흐르면
모두 제자리로 돌아가 안정을 찾습니다
그리고 남는 건 추억과 그리움

시간이 흘러
미소가 지어지면 추억이 되고
슬픔이 함께하면 그리움이 진해집니다

그대를 만나는 날

내 작은 귓가로 멀리에서
그대의 음성이 들려옵니다

잘 지내니
보고 싶은 마음이
하늘 끝을 닿았어

시간을 타고 내게 흘러
밤하늘의 별빛들과
네게 달려갈게

기다리면 네 작은 두 손 위에
내 마음 모아 선물할게
조금만 기다려 줘

그대의 음성은

내 귀를 타고 마음까지 내려와

눈가를 적십니다

오늘은 창가에 기대어

그대를 기다려 봅니다

미치도록 그대가 보고플 때

바삐 걷는 걸음은
정신없이 몰입하는 생각들은

내게 여유를 주지 않는 마음은
모두, 그대를 잠시 잊기 위함이다

네가 보고팠던 감기

멀리 있어 내게 오지도 못한다고
아픈 날 위해 전화가 왔다

하루 종일 전화기에서
너의 음성이 끊이질 않는다

웃다가 울다가
그렇게 하루해가 다 지나간다

어느새 이마엔 열이 떨어졌다
아마도 이 감기는
네 목소리가 듣고 싶어 왔던가 보다

기다림

어느덧 해가 뉘엿뉘엿 넘어가고
길게 늘어선 그림자는
너를 목메게 기다리는 내 마음 같다

언제쯤이나 올까
풀벌레 소리에도 너일까?
나와 보고는 또다시 고개를 떨군다

하루가 즐겁다가도
또 슬프다가도 그렇게 마음이
안정을 찾지 못하고 하루가 간다

파란 하늘 나는 저 새에게
기다리는 내 마음 실어 보내리니

그대 부디 저 새를 만나거든
하루빨리 달려와 주기를 바라나니

너를 기다리는 것이 이리도 애절하단 말인가

그리움

그대가 그리워
차 한 잔 두고 앉았다

따뜻한 한 모금에
더욱 그대가 그리워진다

4부

그리고 이야기

바다야 바다야

바다야 너는 참 대단하구나
바다야 너는 참 멋지구나

어쩜 그리도
순리를 거스르지 않고
따르기만 할 수 있는 거니

그래서 이리도 넓은 바다가
될 수 있는 거구나

마음의 용기

행복도 사랑도 기쁨도
모두 내 마음에 있습니다

그것들을 끄집어내는 것도
내 마음먹기에 달려있습니다

저는 그것을
용기라고 부르고 싶습니다

친구

어제 무슨 일이 있었는지
말하지 않아도 눈빛으로
읽을 수 있는 친구가 있습니다

오랫동안 볼 수 없다가
오랜만에 다시 만나도
어제 수다를 떨었던 것처럼
어색하지 않은 친구가 있습니다

술 한 잔이 그리워도
커피 생각이 나 불러도
언제든 맘을 털어놓을 그런
멋진 녀석의 친구가 있습니다

세월이 흐를수록
시간이 지날수록 더 진해지는
그런 친구가 내게 있습니다

부디, 건강하게 오래도록
내 곁에 네 곁에 있어 주기를
맘을 다해 불러 보는 친구가 있어

나는 오늘도 행복합니다

이해한다는 건

마음이 아파 본 사람은
마음이 아픈 사람을 이해합니다

어렵고 힘들어 본 사람은
어렵고 힘든 사람을 이해합니다

어려운 결정을 내려 본 사람은
결정이 어려운 사람을 기다릴 줄 압니다

그 자리에 가 본 사람은
그 자리에 가려는 사람을 지켜 줄 줄 압니다

기다리고 또 기다려 본 사람은
기다리는 사람의 마음을 헤아립니다

누군가를 절실히 사랑해 본 사람은
그의 등 뒤를 감싸 줄 줄 압니다

실패해 본 사람은 알기에
그를 위해 그다음을 준비해 줍니다

결국 나의 경험만큼
그 사람을, 그 환경을 이해합니다

집착이 되는 사랑

사랑하는 방법이
집착에 불과한 거라면
거기서 멈춰야 한다

서로를 아픔으로
끌어내리기 때문이다

내 여자를 사랑하는 공식

사랑한다 사랑한다 사랑한다
여자는 이렇게 사랑한다는
표현을 자주 해 주어야 해요

그래야
추운 겨울 눈 내린 땅에서도 피어난
동백꽃처럼 어여쁘게 살아나요

사랑해 사랑해 사랑해
여자는 이렇게 사랑한다는
표현을 해 주어야만 해요
그러면 이 세상을 다 가진 것처럼
당당하게 피어나 그 누구보다
아름다운 모습으로 당신 곁에 있어 줄 거예요

사랑하고 있어 사랑하고 있어
절대 맘속으로 하지 말고
밖으로 표현해 주어야 해요

여자는 속으로 사랑한다고 아무리
백만 번을 말해도 이해하지 못해요
그래서 오해 속에 슬픔도 온답니다

사랑하는 내 여자에게 표현해 주세요
더욱더 당신의 사랑이 빛이 나고
파란 하늘에 반사되어 더 맑아질 거예요

말 표현은 천 마디의 가슴속 언어보다
몇 만 배 아니 그보다 훨씬 더 많이
당신을 행복하게 해 줄 거예요
사랑한다 사랑해 사랑하고 있어
내 여자에게 이렇게 표현해 주세요
당신을 더욱 사랑하는 여자가 될 거예요

사랑해 영원히라는 가슴 시리도록
너무 예쁜 말, 오늘 내 여자에게 꼭
말해 주세요, 그리고 진심이라고요

그립고 보고픈 그대

오늘은 그대가 그리워
부쳐도 도착하지 않을
편지를 써 봅니다

그리움에 사무쳐
글이라도 써 놓으면
이 마음이 닿을까
그리하면 꿈에라도
나타나 줄까 하는 바램으로
마음을 그려 냅니다

언제나 따뜻했던 두 손
늘 밝은 미소로
맞이해 주던 포근함
잘못한 일들도 그대 앞에선

햇살에 가려져 흩어진 먹구름이었고
단 한시라도 배고픔이 없이
가득한 행복함이 있던
그대의 자리와 깊은 마음

그러다 어느 날

그대를 그리다 잠이 든 내 곁에
다가와 귓가를 속삭이고
머릿결을 쓰다듬으며
자장가를 불러 주면
어느새 편안한 미소가
입가에 번지고 나는 스르르
까만 밤에게 안깁니다

따뜻한 온기가 채 가시기도 전에
동트는 새벽녘이 되면
안개가 걷히듯
아쉬움을 뒤로한 채
흔적도 없이 사라집니다

보고프고 그리운 그대
바로 어머니입니다

속삭임

스치는 바람이 내게 물었다
봄이니?

스치는 바람에게 말했다
겨울인 걸?

스치는 바람이 내게 물었다
너무 따뜻해

스치는 바람에게 말했다
내 마음을 지나갔구나!

삶의 지혜

때론
가는 길에 커다란 바위가 놓여
앞길이 보이지 않거나

때론
생각지도 못한 나뭇가지가
내 다리를 휘감아 넘어뜨려도

평소
베풀며 잘 살아왔다면
나를 돕는 자가 생겨난다

내가
손에 물을 묻히지 않아도
손을 씻을 수 있으며

억울함을 호소하지 않아도
해결이 되는 때가 있다

그러니
마음에 독을 쌓지 말아야 한다

누군가
내 얘기를 꼭 들어 줘야 한다면
그건 하늘과 하라
그것이 곧 지혜가 된다

인내심을 만난 날

잔잔히 내 마음에 들어와있는
너는 편안히 자리를 잡고 앉아
늘 내 얘기에 귀를 기울인다

어디로 가야 할지를 알고
어디쯤에서 멈추어야 할지
모든 것을 알고 있는 너는

나의 하루하루의 일기 속에
그저 미소와 작은 눈빛으로
머물며 따뜻하게 바라본다

시간이 많이 흘러도 좀처럼
흐트러짐이 하나도 없이
그렇게 같은 자리에 앉아

내 눈빛과 표정을 살피고

내 머릿속을 돌아다니고

심장까지도 둘러보며 나를 살핀다

그러던 어느 날

내가 세상의 한계에 부딪혀

발을 구르고 팔을 올려

하늘에 선을 확 그어버리려 할 때

차가워진 내 두 손을 꼭 잡고

차가워진 심장에 뜨겁게 불을 놓고

너는 내게 말을 건넨다

이제 그만, 여기까지만 하자

그래야 너니까...

이미 흘러내린 눈물이

뜨겁게 볼을 타고 흐른다

그렇게 너는 나를 다독이며 나를 지킨다.

사랑의 착각

멀리서 그대가
내게 손짓합니다
멀리서 그대가
내게 미소를 보냅니다

가까이 오지 못하고
그저 먼발치에서
바라보고만 있습니다

이러한 사랑은
착각이라 부르고 싶습니다

작은 돌멩이

작은 돌부리는 큰 바위보다
상처가 클 수 있습니다

큰 바위는 눈에 보이기에
피할 수도 있고
넘어갈 수도 있습니다

그러나 작은 돌부리는
잘 보이지 않아 걸리면
넘어지고 맙니다

의외로 세상은
작은 일들로 인해
상처가 생기고 아픔들이 생깁니다

돌아보면 참으로

작은 돌멩이인데 말입니다

내가 지금 무엇에

넘어져 울고 있는지

한 번쯤은 돌아볼 필요가 있겠습니다

마음이 아픈 날

사람의 본 마음은
변하지 않는가 봅니다
감추려 해도 감춰지지 않고
숨으려 해도 숨겨지지 않습니다

그대의 욕심이 훤히
다 보이는데도
아니라고 아니라고
겉포장을 또 합니다

본연의 마음은
바꾸기 힘든가 봅니다
주는 것을 좋아하는 사람은
가지려고만 하는 사람으로 인해
늘 상처가 찾아옵니다

몇 번이나 이해해 주려는
몇 번이나 덮어 주려는
마음들을 보여 주어도
결국 자신의 욕심 때문에
소중한 것들을 잃게 됩니다

잠시 좋은 것은
입안의 사탕처럼
나중에는 녹아 없어져
목마름만 남듯이
채울 수 없는 허심이란 걸
그대는 알았으면 좋겠습니다

따뜻한 마음을
갖지 못하는 사람은

절대로 따뜻한 마음을
이해할 수 없습니다
그래서 그러한 그대를
보고 있는 것이 마음 아픕니다

그렇게
본연의 마음은 바꾸기가
어려운가 봅니다

추억이란

영원한 것이 어디 있더냐
때가 되면 다 떠나거늘

부모님도 그리하셨고
자식들도 그리하였고
친구들도 그리하였고
세월도 그리하더라

때를 맞은 듯
그렇게 다들 떠나도
날 떠나지 못하는 것이 있었으니

그것이 바로, 가슴에 남은 추억들이더라

세월

아! 젊음아, 내 청춘아
따사롭게 내리는 햇살은
어찌 이리도 얄밉단 말인가

하늘은 구름 한 점 없이
저토록 맑고 푸르기만 하고
바람 한 점 없는 평온함으로
세상에 뿌려 놓은 빛들은

굽이진 내 피부를 따라
비추고 또 비추나니
보내온 세월이
어찌 이리도 안타깝단 말인가

내 마음은 아직도
흩날리는 꽃잎이요
바람 따라 도는 싱그런
푸른 사과 향기 같거늘

아! 얄미운 시간은 그렇게
내 마음과 상관없이 째각째각
또다시 흘러가는구나

잡고 싶은 젊음이여
되돌리고 싶은 청춘이여
허나, 젊음도 청춘도 가질 수 없는
보석 같은 비밀이 있었나니

노력한다 한들 가질 수 없고
돈을 준다 한들 얻을 수 없는
그렇게 시간 속에 다져져
잔잔히 빛나는 비밀의 너는

너무도 값진 삶의 깊은 미소라
또다시 찾아오는 얄미운 봄을
그저, 바라볼 수밖에 없어
마음을 내어 편안한 척
뒷짐 지며 미소로 맞이하고 있구나

그랬으면

눈부신 아침 햇살이
잠든 나를 간지럽히면

향기로운 커피 한 잔으로
단잠을 깨우고

따뜻하게 감싸 안은 나에게
달콤한 입맞춤으로

내 귓가에 속삭이는 말
굿모닝 내 사랑~

그렇게 아침을 맞이했으면
그랬으면 좋겠네

만날수록 괜찮은 사람

만날수록 마음으로
들어오는 사람이 있습니다

만날수록 다시 보고파지는
사람이 있습니다

만날수록 더 많이 알고픈
사람이 있습니다

만날수록 헤어지기 싫어지는
사람이 있습니다

만날수록 깊이가 느껴지는
사람이 있습니다

만날수록 정말 괜찮다 여겨지는
사람이 있습니다

그대가 그렇습니다
그래서 나는 이제 그대를
인연이라 부르겠습니다

미울수록 필요한 것들

미울수록
한 발 물러서야 하기도 합니다

미울수록
말을 아껴야 하기도 합니다

미울수록
다른 일들에 몰입도 필요합니다

미울수록
마음을 비우도록 해 보아야 합니다

밉지만
아직도 그대를 사랑하기에
미워도

싫은 것은 아니기 때문에

미울수록

침묵이 필요합니다

책 속에 빠져 버린 날

그대를 만나러 가는 길은
설렘과 행복과 호기심이 가득하다

처음 그대를 만났을 땐 이유를 모르다가
점점 더 짙어 가는 내 눈 속에 어느덧
그대와 나는 하나가 되어 간다

그대에게 빠져 버린 나는 하루가 다 가도
손에서 놓지도, 눈을 뗄 수도 없다

부디, 행복한 마무리가 되기를 바라는
기대감으로 또 그렇게 한 장을 넘겨본다

바람이 전하는 이야기

바람이 불어옵니다
산뜻하고 싱그런 바람이기에
반갑게 두 손으로 맞았습니다

그러나 시간이 갈수록
그 바람은 나에게
가슴엔 상처도 남기고
추운 겨울처럼 살을 에고는
손발이 시리게도 만듭니다
가끔 따뜻한 햇살이 내려도
추운 바람 앞에서는
이겨 낼 재간이 없습니다
그리해도 처음 만난
싱그러운 바람이었기에

모든 걸 참고 견뎌 내며
바람과 친해지기를 시도해 봅니다

시간이 더 흐른 후
바람은 나를 더욱 단단하게
만들어 주어
추운 겨울바람이 불 때는
감기가 걸리지 않는 법을
터득하게 만들었고
따뜻한 햇살 아래
바람이 불어올 때는
함께 즐기는 법도
알아 가게 되었습니다

그제야 내게 온 바람이
얼마나 힘겨우면서도 고마운지를
그저, 싱그럽게 불어온 바람만은
아니었다는 것을 알았습니다

그렇게 흐르는 시간 속에
인내심과 이겨 내는 용기를
잃지 않으면 바람 뒤에
함께 찾아온 씨앗들은
메마른 땅에 뿌려지고
비가 내리고 햇살도 비춰 주어
새싹이 돋고 열매가 맺을 수
있다는 것도 알게 되었고
그렇게
바람이 준 상처들은
연약한 나를 단단하게
해주려는 과정이었다는 것을
알게 되면서 그저 부는 바람이
바람이 아니라는 바람의 깊이를
알게 되었습니다

오늘은 폭풍우와 함께
바람이 세차게 지나갑니다
저 바람은 누구에게 가는 걸까요

바람이 지나는 뒷모습을

바라보며 미소를 지어 봅니다

영원한 존재

설렘 반 두려움 반으로
발걸음을 내딛습니다
한 계단 한 계단 내디디며
어느덧 생각과 상관없이
그대 앞에 섰습니다

내 과거는 그대 앞에
숨김없이 보이고
거짓도 미움도 갖은것 모두
그대 앞에 허무함으로
모두 다 내려놓습니다

뜨겁게 심장 속으로 타고 들어와
온몸의 피를 돌리고

어두운 먹구름들은 흩어져
몸 밖으로 퍼져 날아가
세상 위에 뿌려져 사라집니다

가벼워진 몸과 마음에서
새롭게 피어난 새싹은
눈빛에서 머리에서
손길에서 가슴에서
맑게 자라 오릅니다

그대 안에 있다는 행복이
감사와 사랑과 이해로
점점 더 크게 퍼져 나아가
온몸을 휘감아 돌며
한없는 기쁨이 됩니다

그대 안에 거하며
영원히 함께하기를
간절함으로 두 손을 모으며

날개를 활짝 펴서

밤하늘로 날아오릅니다

그대만은 영원합니다

희망

가만히 너를 바라본다

하루를 보낸 지친 어깨와
흐트러진 머리칼에
햇살이 내려와 비추니
따뜻한 온기가 휘감아 돌며
너의 모습에서 빛을 뿜어낸다

그렇게 종일 세상과 부딪혀
힘겨워 잠시 쉬고 있더라도
너의 눈빛은 용사처럼
힘을 잃지 않는다
그것이 너의 매력이다

그렇게 너는
빛과 부딪혀 이겨 낸 무지개처럼
숨 고르며 일어서 또다시 시작된
하루를 향해 달려 나간다

그런 네게서 오늘도 희망을 본다

지금이 좋은 이유

바람이 분다
시원스레 내 발을 지나
등의 땀을 식히고
머릿결을 흩날리며
기분 좋게 지나갑니다

햇볕이 따갑게 내리쬐도
어디에 있는지에 따라
시원한 가을이 될 수도 있고
뜨거운 한여름이 될 수도 있습니다

장소도 중요하지만
마음도 중요해집니다
긍정적인 사람들과 함께하면
찌는 듯한 더위 속에 있지 아니하고

시원히 물 흐르는 계곡에 앉아
발을 담그고 있는 것처럼
기분이 좋아집니다

그렇게 지나가는 바람이 좋고
그렇게 함께 있는 곳이 좋습니다

그래서 지금이 좋습니다

좋은 인연의 노래

우연이 우연을 만나면 인연이 되고
인연이 인연을 만나면 필연이 되듯

그렇게 만나게 된 인연은
만나야 할 필연이기 때문에
자연스럽고 부드럽습니다

봄바람이 얼굴을 스치고
싱그런 물방울이 입가를 적시듯
좋은 인연은 그렇게 다가옵니다

그러한 인연은 마음으로 다가옵니다
그래서 웃는 모습, 손짓 하나
무엇이라도 내 눈에 깊이 박혀 남습니다
그리고 돌아섰을 때는 따뜻하고

깊이 있게 내 안으로 들어서며
입가에 미소를 자아냅니다

그러한 인연은
좋은 인연이라 부르고 싶습니다
그대는 내게 그렇게 다가왔습니다

부디, 행복하시기를
부디, 기뻐하시기를
부디, 잘 살아 주시기를

그대는 내게 미소를 머금게 하는
좋은 인연으로 오래도록
이어지기를 바래 봅니다

그대는 내게 좋은 인연입니다

자유롭고 싶다면

날고 싶니?

그렇다면 지금 네 주머니들을
모두 비워 내야 해

어느 노부부의 이야기

추워진 날씨가
얼굴을 스치고 손을 스친다
움츠러들 만도 한데
따뜻한 봄 같다

옆을 보니
다정히 웃고 있는
그대가 있었다

마음이 열리던 날

때로는
멈칫하다가 울고
싶을 때 있습니다
그럴 땐 주위 상관없이
울어 버려야 합니다
그렇게 머리까지
아프도록 울고 나면
개운해집니다
그리고 비워집니다

그래야 다시 시작할 수 있으니까요

누군가 나를 붙잡고 웁니다
그렇게 말도 못하고 웁니다

실컷 울고 나더니
말을 건넵니다

고맙습니다 고마워요
정말로 고맙습니다

저도 함께 울고 났더니
오히려 마음이 열리고
그대가 안으로 들어옵니다

이제 진짜 마음이 전해지기 시작했습니다

아버지라는 이름

그대는 커다란 짐을
늘 어깨에 메고 있지요
언덕을 오르면 오를수록
그대의 허리는 굽어집니다

그대의 손은 언제나 따뜻하지만
잡아 본 일이 없었습니다
그대의 가슴은 뜨겁지만 한 번도
따뜻하게 안아 본 적이 없었습니다

그대의 꿈들은 자신을 위한
시간들을 허락해 주지 않은 채
모든 삶이 자식들에게만
맞추어져 모두 가려져 있었습니다

세월의 흔적이 이마와 치아에
손과 발과 하얀 머릿결에
고스란히 내려앉아 햇빛을 받으니
따뜻함만 남아 깊은 미소를 자아냅니다

그대 옆에 앉아 거칠어진 두 손 잡고
추억을 듣고 묻어 둔 사연들을
내 눈에 담아 봐도 그대의 깊은 마음들을
헤아릴 수 없으니 침묵으로 답을 해 봅니다

어느덧 촉촉해진 눈빛이 말을 해옵니다
내 마음은 아직 젊음으로 가득한데
몸이 그것을 이해를 못해 주는구나…
그대의 어깨가 이리도 안쓰러울 수가 없습니다

먼 산을 보고 있는 그대의 두 손은

어느덧 따뜻하다 못해 뜨거워져 있었습니다

아직 끝나지 않은 이야기...

공감 노트가 당신 곁으로 다시 찾아갑니다...